MOT MYSTÈRES

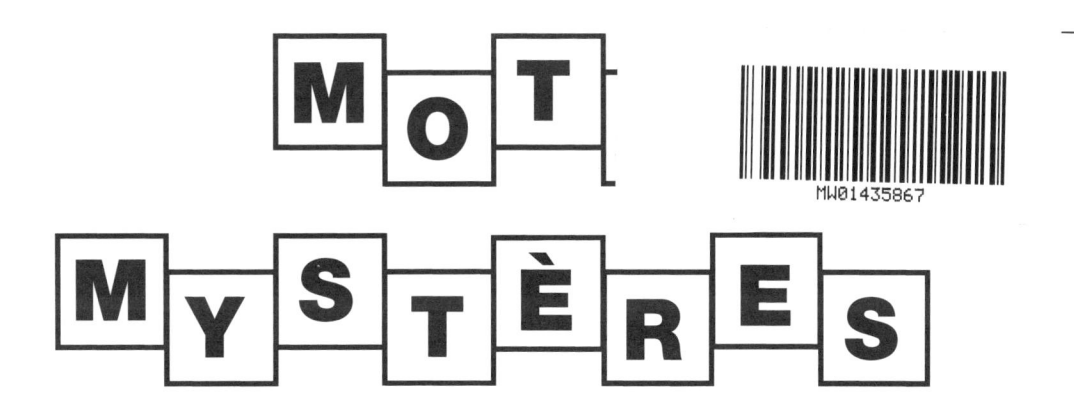

Jeux et activités

Illustrations et conception graphique : Dominique Pelletier

Conception des jeux : Lyne Painchaud

Direction d'édition : Monique Fauteux

© Éditions Scholastic 2006
Tous droits réservés
ISBN : 0-439-94065-6
Imprimé au Canada

Éditions SCHOLASTIC

DESSIN À COLORIER

2

CUISINONS UN PEU

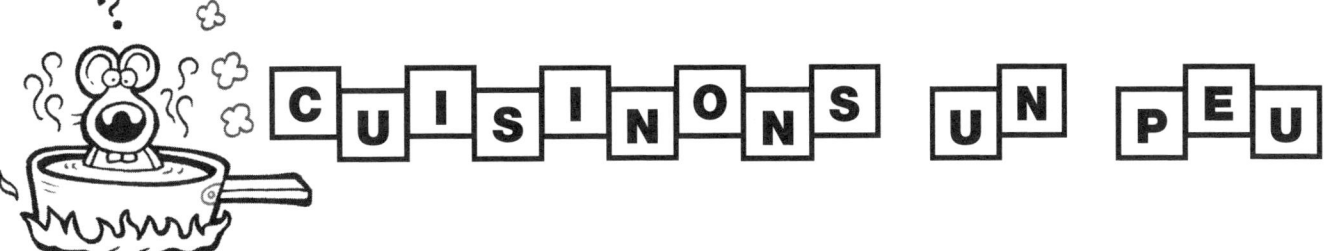

R	T	I	U	C	S	I	B
E	R	E	C	E	T	T	E
R	F	G	R	E	L	L	N
U	A	A	L	C	L	T	I
S	C	U	R	I	U	A	S
E	O	B	N	I	A	S	I
M	O	A	G	E	N	S	A
L	V	R	U	O	F	E	R

BISCUIT

BOL

FARINE

FOUR

MESURER

MOULE

RAISIN

RECETTE

SUCRE

TASSE

VANILLE

(Mot de 7 lettres)

☐ ☐ ☐ ☐ ☐ ☐ ☐

3

LE SOCCER

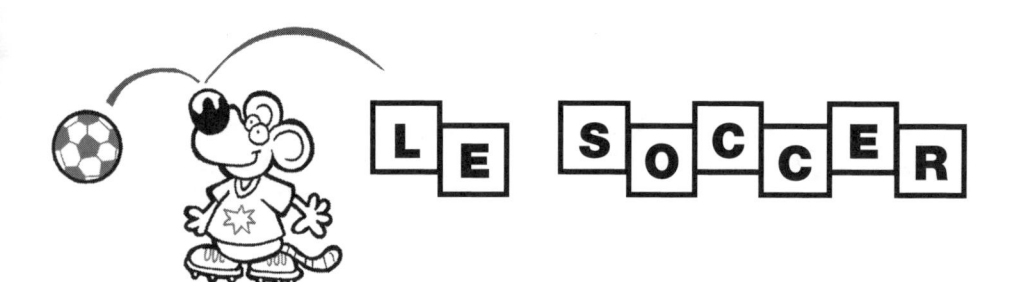

J	N	T	N	I	O	P	U
T	O	A	R	R	E	T	T
E	Q	U	I	P	E	U	O
R	T	M	E	L	B	P	L
R	B	U	I	U	M	R	L
A	A	F	A	A	R	I	I
I	S	E	C	F	R	T	A
N	O	L	L	A	B	O	M

ARRÊT
BALLON
BAS
BUT
CAMP
ÉQUIPE
FAUTE
FILET
JOUEUR
MAILLOT
POINT
TERRAIN
TIR

(Mot de 6 lettres)

☐ ☐ ☐ ☐ ☐ ☐

4

ANIMAUX MENACÉS

E	L	L	I	R	O	G	T
P	A	N	D	A	R	N	R
T	H	I	I	A	A	A	T
N	I	G	U	H	L	G	O
O	L	G	P	C	A	U	R
E	A	E	R	E	O	L	T
J	L	R	O	E	K	E	U
E	S	N	O	S	I	B	E

AIGLE
BÉLUGA
BISON
ÉLÉPHANT
GORILLE
JAGUAR
KOALA
PANDA
TIGRE
TORTUE

(Mot de 10 lettres)

☐ ☐ ☐ ☐ ☐ ☐ ☐ ☐ ☐ ☐

D'UN POINT À L'AUTRE

RELIE LES LETTRES SELON L'ORDRE ALPHABÉTIQUE.

LES PAYS

J	M	A	R	O	C	E	A
E	M	E	C	A	T	D	E
I	S	U	D	P	I	N	F
L	B	P	Y	N	I	A	R
A	Q	G	A	H	I	L	A
T	E	U	C	G	E	R	N
I	T	I	A	H	N	I	C
P	O	L	O	G	N	E	E

- CHINE
- CUBA
- ÉGYPTE
- ESPAGNE
- FRANCE
- HAÏTI
- INDE
- IRLANDE
- ITALIE
- MAROC
- POLOGNE

(Mot de 8 lettres)

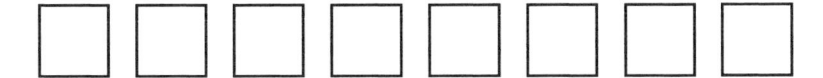

ÎLE AU TRÉSOR

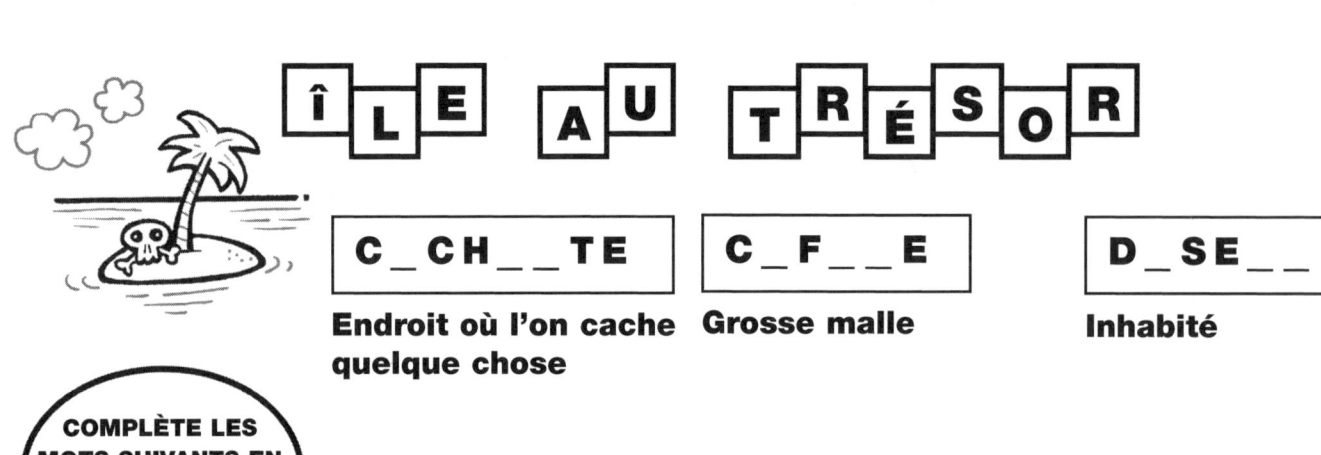

COMPLÈTE LES MOTS SUIVANTS EN TE SERVANT DES INDICES.

C_CH__TE
Endroit où l'on cache quelque chose

C_F__E
Grosse malle

D_SE__
Inhabité

_IA_AN_
La pierre la plus précieuse au monde

_NF_UI
Enterré

GR___T_
Caverne

O___AN
Immense étendue d'eau

_ER_E
L'huître la fabrique.

P___AT_
Aventurier qui aime piller les navires

_U_IS
Pierre précieuse rouge

T	N	A	M	A	I	D	E
E	N	F	O	U	I	R	T
T	G	A	S	Q	F	D	T
A	R	U	E	F	E	E	E
R	O	U	O	C	L	S	H
I	T	C	B	R	O	E	C
P	T	L	E	I	E	R	A
T	E	P	T	E	S	T	C

CHERCHE ENSUITE CES MOTS DANS LA GRILLE.

(Mot de 9 lettres)

8

À LA PISCINE

COMPLÈTE LES MOTS SUIVANTS EN TE SERVANT DES INDICES.

B _ _ SIN — Piscine

_ _ NNE _ — Ce que l'on porte sur la tête

C _ SI _ _ — On y range ses effets personnels.

D _ _ CH _ — On s'y lave.

F _ NT _ _ NE — On y boit de l'eau.

J _ U — Divertissement

L _ N _ _ EU _ — D'un bout à l'autre de la piscine

N _ G _ — Se déplace dans l'eau

P _ L _ E — Aide à nager plus vite

PL _ _ G _ R — Entrer dans l'eau tête première

S _ _ T — Acrobatie

S _ CTI _ _ — Une partie de la piscine

CHERCHE ENSUITE CES MOTS DANS LA GRILLE.

N	R	E	I	S	A	C	R
B	O	N	N	E	T	U	E
A	N	I	A	R	E	E	G
S	R	A	T	U	H	T	N
S	O	T	G	C	J	U	O
I	S	N	U	E	E	A	L
N	O	O	U	E	R	S	P
L	D	F	P	A	L	M	E

(Mot de 7 lettres)

☐ ☐ ☐ ☐ ☐ ☐ ☐

9

BLANCHE NEIGE

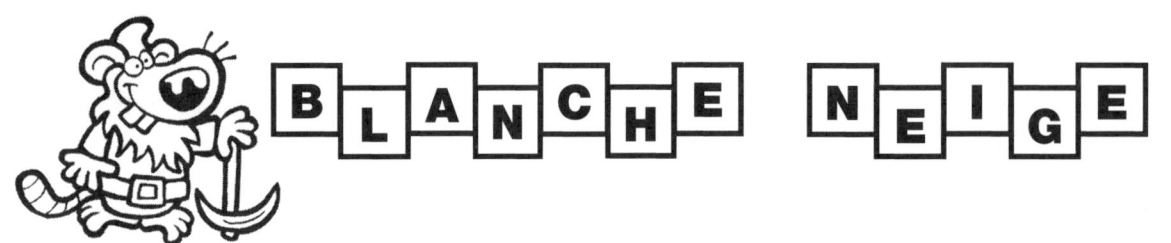

E	M	M	O	P	S	N	E
I	R	O	R	C	O	C	N
G	C	E	O	S	N	A	M
A	I	E	I	I	I	S	I
M	U	A	R	N	O	E	R
R	M	P	R	R	E	E	O
C	H	A	T	E	A	U	I
L	I	E	M	M	O	S	R

CHÂTEAU

CŒUR

MAGIE

MAISON

MIROIR

NAIN

POMME

PRINCE

REINE

SOMMEIL

SORT

(Mot de 8 lettres)

☐ ☐ ☐ ☐ ☐ ☐ ☐ ☐

LA PÊCHE

H	D	O	R	E	P	M	T
L	A	O	R	L	U	E	S
A	T	M	O	E	N	T	E
N	P	M	E	I	V	T	T
C	B	P	L	C	I	O	I
E	I	U	A	O	O	B	U
R	O	Q	B	T	U	N	R
M	C	A	N	N	E	E	T

APPÂT
BOÎTE
BOTTE
CANNE
DORÉ
HAMEÇON
LANCER
MOULINET
PLOMB
TRUITE
VER

(Mot de 9 lettres)

DESSIN À COLORIER

LES BATEAUX

D	R	A	P	E	A	U	T	E
V	A	E	R	C	N	A	N	R
O	M	D	R	O	B	I	R	T
I	A	A	A	A	A	V	E	E
L	R	E	T	T	H	Q	T	E
I	R	R	I	E	U	P	R	U
E	E	P	L	A	L	S	A	O
R	A	A	I	I	E	O	C	B
C	C	O	M	P	A	S	T	R

AMARRE
ANCRE
BOUÉE
CALE
CAPITAINE
CARTE
COMPAS
DRAPEAU
MATELOT
PHARE
QUAI
TRIBORD
VOILIER

(Mot de 10 lettres)

☐ ☐ ☐ ☐ ☐ ☐ ☐ ☐ ☐ ☐

CRÈME GLACÉE

D	C	T	E	N	R	O	C	T
E	A	D	N	O	I	X	E	A
F	R	A	I	S	E	L	E	L
E	A	A	L	O	L	I	S	O
B	M	C	B	I	R	I	I	C
O	E	O	N	L	R	F	R	O
U	L	A	K	O	E	I	E	H
L	V	E	P	A	U	X	C	C
E	S	I	O	B	M	A	R	F

BOULE
CARAMEL
CERISE
CHOCOLAT
CORNET
ÉRABLE
FRAISE
FRAMBOISE
FROID
MOKA
NOIX
SIROP
VANILLE

(Mot de 9 lettres)

☐ ☐ ☐ ☐ ☐ ☐ ☐ ☐ ☐

LE FORGERON

I	N	E	T	E	C	A	R	U
N	B	N	R	M	D	E	C	A
P	A	O	E	U	I	E	H	E
G	I	E	U	L	M	B	E	N
F	P	N	B	C	S	R	V	R
E	C	A	C	N	L	A	A	U
R	T	E	N	E	T	I	L	O
M	A	I	L	L	E	S	E	F
S	O	U	F	F	L	E	T	R

ARMURE
BOUCLIER
BRAISE
CHEVAL
ENCLUME
ÉPÉE
FER
FOURNEAU
GANT
MAILLES
PINCE
SOUFFLET
TABLIER

(Mot de 12 lettres)

ARGENT DE POCHE

T	E	H	C	I	U	G	M	E
N	U	M	E	R	O	O	T	C
D	Q	R	D	E	N	N	E	O
O	N	P	E	N	A	T	L	N
L	A	T	A	T	P	O	L	O
L	B	I	N	M	R	S	I	M
A	E	O	O	E	E	A	B	I
R	M	C	R	E	C	U	I	E
R	E	R	I	L	E	R	I	T

BANQUE
BILLET
CENT
COMPTE
DOLLAR
ÉCONOMIE
GUICHET
MONNAIE
MONTANT
NUMÉRO
REÇU
RETRAIT
TIRELIRE

(Mot de 7 lettres)

☐ ☐ ☐ ☐ ☐ ☐ ☐

D'UN POINT À L'AUTRE

RELIE LES NOMBRES IMPAIRS SELON L'ORDRE CROISSANT.

1 · · 51

3 · · 49

5 · · 47

7 · · 45

9 · · 43

11 · · 41

13 · · 39

15 · · 37

17 · 21 · 23 · 29 · 31 · 35

19 · 25 · 27 · 33

MON CHIEN

COMPLÈTE LES MOTS SUIVANTS EN TE SERVANT DES INDICES.

B_I_
On peut en faire prendre un à son chien.

B_SS_T
Espèce de chien aux pattes très courtes

_Â_ON
Morceau de bois

C_L_I_R
On le met au cou du chien.

DR__SAG_
Domptage

F_I_N_I_E
Gâterie

L__S_E
Corde que l'on attache au collier du chien

_AÎT_E
Le chien lui obéit.

M_SE__ÈRE
Empêche le chien de mordre

_IC_E
Maison du chien

PA_IE_
Lit du chien

_Â_ÉE
Nourriture pour chien

_U_E
Petit insecte parasite

M	U	S	E	L	I	E	R	E
B	D	B	P	A	S	N	S	G
L	A	U	A	S	M	I	M	A
E	C	S	I	T	D	A	A	S
E	H	A	S	N	O	B	I	S
T	L	C	A	E	A	N	T	E
A	T	I	I	I	T	E	R	R
P	R	E	I	N	A	P	E	D
F	N	C	O	L	L	I	E	R

CHERCHE ENSUITE CES MOTS DANS LA GRILLE.

(Mot de 9 lettres)

18

LES ESPIONS

O	E	I	M	A	E	O	T	E
D	T	E	N	D	G	C	P	C
M	I	O	O	D	A	E	C	A
I	T	C	H	R	I	A	N	R
S	N	A	T	P	M	C	S	T
S	E	E	S	E	C	R	E	T
I	D	S	R	E	G	N	A	D
O	I	A	G	A	D	G	E	T
N	E	G	A	S	S	E	M	E

AGENT
CAMÉRA
CARTE
CODE
DANGER
GADGET
IDENTITÉ
INDICE
MESSAGE
MISSION
PHOTO
SECRET
TRACE

(Mot de 10 lettres)

☐ ☐ ☐ ☐ ☐ ☐ ☐ ☐ ☐ ☐

19

DE L'EAU PARTOUT !

F	O	N	T	A	I	N	E	D
E	C	R	U	O	S	M	B	U
G	L	A	C	P	A	E	A	R
A	N	B	S	R	L	E	I	I
C	L	A	A	C	S	U	E	V
E	U	I	T	S	A	M	I	I
R	S	G	I	E	S	D	E	E
A	P	U	I	T	S	I	E	R
M	R	E	O	C	E	A	N	E

BAIE
BASSIN
CASCADE
ÉTANG
FONTAINE
LAC
MARAIS
MARÉCAGE
MER
OCÉAN
PLUIE
PUITS
RIVIÈRE
RUISSEAU
SOURCE

(Mot de 6 lettres)

☐ ☐ ☐ ☐ ☐ ☐

20

LA PLAGE

C	L	O	S	A	R	A	P	N	E
P	H	S	E	A	U	E	M	U	G
S	I	A	R	F	C	A	E	A	A
O	I	E	T	H	R	D	B	G	L
L	M	Q	E	E	A	U	A	E	L
E	S	U	E	N	A	E	T	V	I
I	R	A	G	N	U	U	E	A	U
L	E	I	B	G	U	N	A	G	Q
I	A	Q	L	L	U	D	U	U	O
B	E	A	O	C	E	A	N	E	C

ALGUE
BAIGNADE
BATEAU
CHÂTEAU
COQUILLAGE
DUNE
FRAIS
MARÉE
MER
NUAGE
OCÉAN
PARASOL
PÊCHEUR
SABLE
SEAU
SOLEIL
VAGUE

(Mot de 10 lettres)

☐ ☐ ☐ ☐ ☐ ☐ ☐ ☐ ☐ ☐

LE CIRQUE

E	E	L	U	B	M	A	N	U	F
L	O	R	C	H	E	S	T	R	E
C	E	E	N	B	R	I	O	T	D
Y	Z	C	C	W	G	H	A	O	O
C	E	U	C	R	O	B	A	R	M
O	P	Y	E	H	O	L	T	E	P
N	A	E	P	R	E	U	C	M	T
O	R	R	C	I	A	V	T	U	E
M	T	A	E	S	A	U	A	N	U
V	O	L	T	I	G	E	X	L	R

ACROBATE
BRIO
CHEVAL
CLOWN
DOMPTEUR
ÉCUYER
FUNAMBULE
MONOCYCLE
NUMÉRO
ORCHESTRE
SAUT
TIGRE
TRAPÈZE
VOLTIGE

(Mot de 10 lettres)

☐ ☐ ☐ ☐ ☐ ☐ ☐ ☐ ☐ ☐

LABYRINTHE

23

LA FORÊT ENCHANTÉE

S	E	E	N	G	I	A	R	A	E
C	E	S	E	R	P	E	N	T	R
E	T	N	B	R	R	U	N	S	E
N	R	O	T	I	B	E	S	C	I
T	A	S	S	I	M	M	P	O	M
A	N	S	P	E	E	I	O	R	U
U	G	I	L	U	E	R	B	P	A
R	E	R	E	G	O	M	E	I	H
E	U	F	E	E	N	L	T	O	C
H	L	I	C	O	R	N	E	N	T

ARAIGNÉE
BÊTE
CENTAURE
CHAUMIÈRE
ÉTRANGE
FRISSON
HURLEMENT
LICORNE
LOUP
OMBRE
PIÈGE
SCORPION
SENTIER
SERPENT

(Mot de 11 lettres)

LA FERME

_N_N — Petit âne

A_GE — Contenant dans lequel on met la nourriture des animaux

BE_ _ER_ _ — Les moutons y logent.

_O_ — Il annonce le lever du soleil.

_TA_LE — Les vaches s'y abritent.

F_I_ — Nourriture de certains animaux

_UM_ _ _R — Engrais naturel

COMPLÈTE LES MOTS SUIVANTS EN TE SERVANT DES INDICES.

_RA_GE — On y entrepose le foin.

_AR_IN — Potager

_AI_E_IE — On y fabrique les produits laitiers.

P_ _ _CHE_IE — Les cochons s'y plaisent.

_OU_AI_LER — On y trouve des poules.

_U_HE — Les abeilles y habitent.

R	C	E	R	R	E	S	J	E	E
E	B	O	L	T	R	A	G	I	A
L	R	E	Q	B	R	U	R	V	L
L	E	C	R	D	A	E	T	A	A
I	G	E	I	G	H	T	N	C	I
A	R	N	H	C	E	O	E	H	T
L	E	E	R	C	N	R	U	E	E
U	V	O	R	F	U	M	I	E	R
O	P	E	G	N	A	R	G	E	I
P	S	I	L	O	N	I	O	F	E

SE_ _E — On y fait pousser des plantes.

SI_O — Réservoir à grains

V_CH_ — Elle produit du lait.

V_RG_R — Les pommes y poussent.

CHERCHE ENSUITE CES MOTS DANS LA GRILLE.

(Mot de 8 lettres)

25

LES CHEVAUX

E	S	P	S	O	L	C	N	E	C
R	A	R	E	T	N	O	M	E	H
U	B	S	R	I	E	P	D	E	E
T	O	O	E	I	G	A	O	S	V
N	T	R	R	N	N	N	E	S	A
O	O	U	O	E	E	L	E	O	U
M	C	C	M	B	L	R	U	R	C
E	U	O	E	E	E	L	E	B	H
A	R	G	A	L	O	P	U	I	E
P	E	N	I	O	V	A	Q	N	R

AVOINE
BROSSE
CHEVAUCHER
ÉCURIE
ENCLOS
GALOP
LEÇON
MONTER
MONTURE
PEIGNER
PROMENADE
QUEUE
RÊNES
ROBE
SABOT
SELLE
TROT

(Mot de 7 lettres)

☐ ☐ ☐ ☐ ☐ ☐ ☐

LE LABORATOIRE

E	P	R	O	U	V	E	T	T	E
E	E	I	M	I	H	C	S	P	C
E	A	S	E	B	U	T	O	X	N
D	I	P	P	Z	L	C	L	P	A
I	M	R	A	E	S	O	I	F	T
U	A	G	E	O	C	N	D	O	S
Q	N	S	R	H	C	I	E	R	B
I	T	C	I	E	C	O	M	C	U
L	I	L	U	M	I	E	R	E	S
M	E	M	S	I	R	P	B	N	N

AIMANT
BÊCHER
CHIMIE
ÉPROUVETTE
FORCE
GAZ
LIQUIDE
LUMIÈRE
MICROSCOPE
PINCE
PRISME
SOLIDE
SPÉCIMEN
SUBSTANCE
TUBE

(Mot de 9 lettres)

☐ ☐ ☐ ☐ ☐ ☐ ☐ ☐ ☐

27

DESSIN À COLORIER

L'AÉROPORT

B	I	L	L	E	T	T	E	R	I	E
R	E	H	L	E	E	V	I	R	R	A
U	P	T	A	A	T	N	E	G	A	Q
E	D	E	N	N	N	I	A	E	U	E
L	E	T	S	E	G	G	R	A	D	T
O	P	I	O	I	T	A	I	S	O	R
R	A	R	V	U	G	T	R	S	U	O
T	R	U	E	O	R	R	A	E	A	P
N	T	C	R	L	A	V	I	O	N	L
O	R	E	U	Q	R	A	B	M	E	E
C	A	S	E	U	Q	I	T	U	O	B

AÉROGARE
AGENT
ARRIVÉE
ATTENTE
AVION
BILLETTERIE
BOUTIQUE
CONTRÔLEUR
DÉPART
DOUANE
EMBARQUER
HANGAR
PORTE
QUAI
SÉCURITÉ
SIGNAL
TOUR
VIGIE

(Mot de 10 lettres)

☐ ☐ ☐ ☐ ☐ ☐ ☐ ☐ ☐ ☐

29

LES MÉTIERS

A _ _ CA _
Il défend ses clients.

_ H _ F
Il prépare de bons plats.

C _ _ CIE _ GE
Il se charge de l'entretien d'un immeuble.

DE _ TI _ TE
Il soigne les dents.

COMPLÈTE LES MOTS SUIVANTS EN TE SERVANT DES INDICES.

_ AC _ EU _
Il livre le courrier.

IN _ I _ MI _ _
Il assiste le médecin.

I _ GÉ _ IE _ _
Il peut diriger des projets industriels.

I _ V _ NTE _ _
Il crée des nouveautés.

_ OU _ NA _ I _ TE
Il est chargé d'informer.

_ U _ E
Il est vêtu d'une toge.

_ AI _ E
Il dirige une ville.

P _ _ M _ IER
Il répare les tuyaux.

J	O	U	R	N	A	L	I	S	T	E
I	E	G	R	E	I	C	N	O	C	R
N	I	R	E	U	H	J	L	E	T	U
V	N	E	P	E	E	P	U	A	C	E
E	G	I	F	O	O	V	C	G	R	T
N	E	M	T	M	L	O	R	I	E	C
T	N	R	P	R	V	I	A	E	I	A
E	I	I	C	A	I	M	C	E	S	F
U	E	F	P	L	O	M	B	I	E	R
R	U	N	E	T	S	I	T	N	E	D
N	R	I	T	A	I	L	L	E	U	R

P _ LICI _ _
Il veille à la sécurité des citoyens.

_ OMP _ E _
Il éteint les incendies.

_ ER _ EU _
Il sert les clients du restaurant.

T _ I _ _ EU _
Il confectionne des vêtements.

CHERCHE ENSUITE CES MOTS DANS LA GRILLE.

(Mot de 11 lettres)

30

L'ÉPICERIE

C	E	N	O	R	V	I	O	P	R	L
E	M	T	E	E	R	C	N	M	N	I
T	M	E	E	E	R	O	R	Y	I	A
T	O	G	L	L	S	R	O	O	A	F
O	P	E	O	S	U	G	U	J	P	R
R	C	L	I	R	O	O	U	E	T	O
A	A	O	F	U	A	S	P	I	B	M
C	P	U	R	B	A	N	A	N	E	A
S	E	T	A	P	C	L	G	U	E	G
O	E	T	A	M	O	T	E	E	C	E
O	I	G	N	O	N	H	U	I	L	E

AIL
BANANE
BEURRE
CAROTTE
CÉLERI
FROMAGE
HUILE
JUS
LAIT
OEUF
OIGNON
ORANGE
PAIN
PÂTES
POISSON
POIVRON
POMME
PORC
POULET
SAUCE
TOMATE
YOGOURT

(Mot de 11 lettres)

☐ ☐ ☐ ☐ ☐ ☐ ☐ ☐ ☐ ☐ ☐

LES DRAGONS

F	L	A	M	M	E	F	F	I	R	G
T	E	R	R	I	T	O	I	R	E	E
M	E	N	A	C	A	N	T	E	L	E
O	C	E	N	D	R	E	H	I	F	C
N	R	G	E	F	E	C	A	E	F	A
T	E	E	A	M	A	N	R	B	U	I
A	I	T	E	R	B	U	O	E	O	L
G	S	O	C	M	L	R	D	R	S	L
N	A	R	U	U	U	R	A	F	M	E
E	R	P	R	L	A	F	E	S	E	E
U	B	B	X	G	V	O	L	E	E	U

AILE
BRASIER
BRÛLURE
CENDRE
CRACHE
ÉCAILLE
EMBRASE
ÉNORME
FEU
FLAMME
FUMÉE
GARDE
GRIFFE
MENAÇANT
MONTAGNE
PROTÈGE
SOUFFLE
TERRITOIRE
VOLE

(Mot de 8 lettres)

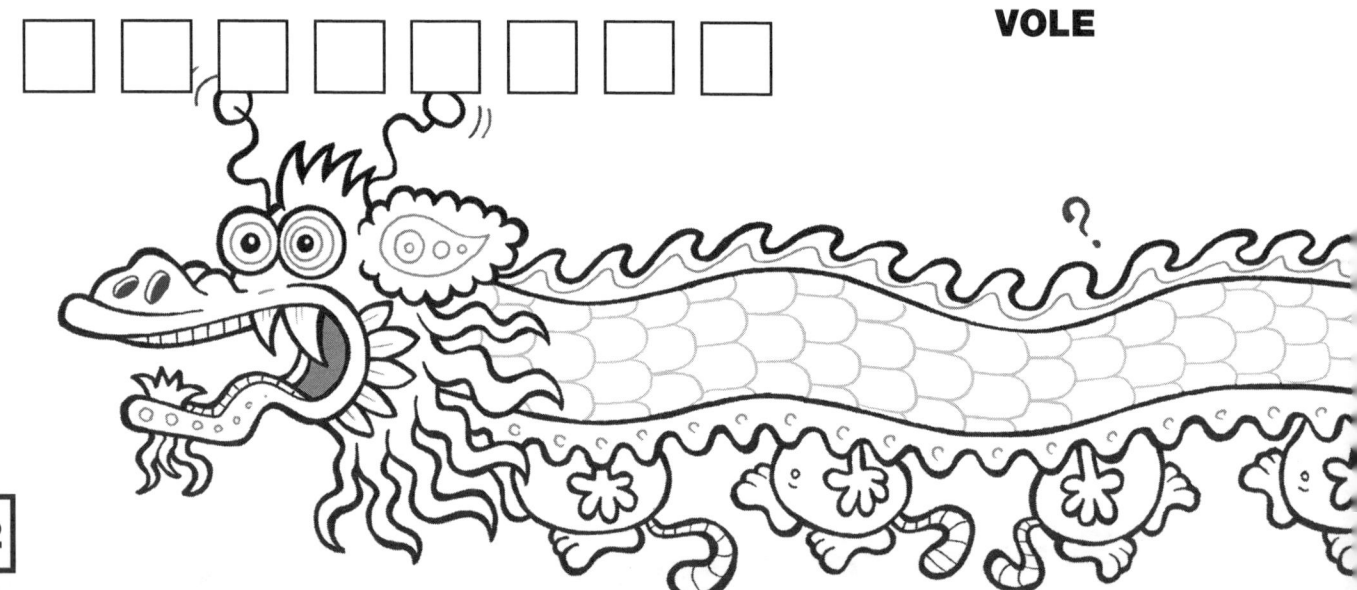

☐ ☐ ☐ ☐ ☐ ☐ ☐ ☐

32

D'UN POINT À L'AUTRE

RELIE LES NOMBRES SELON L'ORDRE CROISSANT.

FAR WEST

F	I	R	E	H	S	F	U	S	I	L
D	C	C	A	R	A	V	A	N	E	H
I	A	L	T	I	D	N	A	B	S	S
L	C	R	O	Q	U	E	M	O	R	T
I	T	E	I	I	T	C	L	N	U	R
G	S	R	R	H	O	R	O	E	Y	D
E	E	O	A	C	E	Y	E	O	U	B
N	U	D	H	N	N	P	B	S	A	D
C	O	E	C	A	R	W	I	R	E	M
E	R	O	C	R	O	S	S	A	L	D
E	E	D	A	C	S	U	B	M	E	S

BANDIT
BAR
CANYON
CARAVANE
CHARIOT
COCHER
COW-BOY
CROQUE-MORT
DÉSERT
DILIGENCE
DUEL
EMBUSCADE
FUSIL
LASSO
LOI
OUEST
RANCH
RODÉO
SHÉRIF

(Mot de 16 lettres)

COURSE AUTOMOBILE

E	C	R	E	V	A	I	S	O	N	E	P
S	R	U	E	Q	U	I	P	E	G	R	A
S	E	E	D	T	E	T	E	A	M	U	R
E	L	T	E	E	C	S	G	A	A	T	C
T	L	O	P	N	T	N	S	E	I	I	O
I	I	M	A	I	A	R	P	A	E	O	U
V	A	B	R	N	L	A	O	I	P	V	R
O	T	R	T	C	R	O	R	P	S	E	S
L	I	U	I	D	P	U	T	R	H	T	D
A	V	I	E	N	C	N	S	E	U	E	E
N	A	T	E	E	G	A	R	I	V	O	E
T	R	U	E	X	C	I	T	A	N	T	T

BRUIT
CREVAISON
DÉPART
DÉPASSE
DRAPEAU
ÉCURIE
ÉQUIPE
EXCITANT
GAGNANT
MOTEUR
PARCOURS
PILOTE
PISTE
PNEU
RAVITAILLER
TÊTE
TOUR
TROPHÉE
VIRAGE
VITESSE
VOITURE
VOLANT

(Mot de 11 lettres)

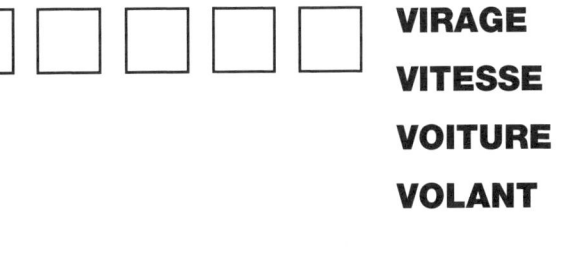

☐ ☐ ☐ ☐ ☐ ☐ ☐ ☐ ☐ ☐ ☐

35

LE SYSTÈME SOLAIRE

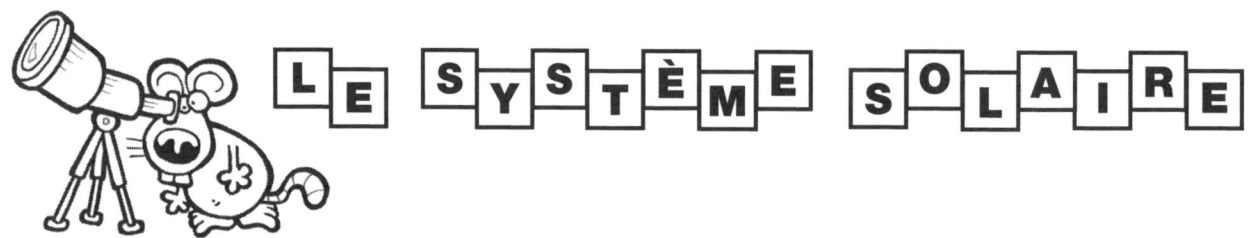

V	O	I	E	L	A	C	T	E	E	O	E
E	R	R	E	T	N	O	T	U	L	P	E
E	T	I	R	O	E	T	E	M	O	T	E
T	E	C	L	I	P	S	E	C	O	S	S
U	B	G	E	N	U	L	S	I	R	A	U
A	S	S	A	N	E	E	L	J	B	T	E
N	U	O	E	L	L	E	U	R	I	U	L
O	N	V	L	E	A	P	T	S	T	R	U
R	A	I	T	E	I	X	R	E	E	N	B
T	R	V	O	T	I	A	I	A	M	E	E
S	U	T	E	L	M	L	O	E	I	O	N
A	R	R	E	N	E	P	T	U	N	E	C

ASTRONAUTE
COMÈTE
ÉCLIPSE
ÉTOILE
GALAXIE
JUPITER
LOIN
LUNE
MARS
MÉTÉORITE
NÉBULEUSE
NEPTUNE
ORBITE
PLUTON
SATURNE
SOLEIL
TÉLESCOPE
TERRE
URANUS
VÉNUS
VOIE LACTÉE

(Mot de 12 lettres)

ON TOURNE !

H	A	M	O	U	R	P	R	I	S	E	C
R	E	P	A	T	N	A	R	U	G	I	F
U	E	R	L	A	R	E	M	A	C	N	N
E	U	A	O	A	S	O	T	S	E	O	S
T	G	A	V	S	T	N	C	I	S	T	D
C	I	C	R	E	O	E	C	E	U	B	O
U	R	T	U	M	N	I	A	D	D	O	U
D	T	I	E	E	N	T	I	U	C	B	B
O	N	O	T	H	A	O	U	D	E	I	L
R	I	N	C	R	O	L	E	R	U	N	U
P	R	E	A	M	E	N	I	C	E	E	R
E	T	S	I	G	A	R	I	A	L	C	E

- ACTEUR
- ACTION
- AMOUR
- AVENTURE
- BOBINE
- CAMÉRA
- CINÉMA
- DÉCOR
- DOUBLURE
- ÉCLAIRAGISTE
- FIGURANT
- HÉROS
- INTRIGUE
- MONTAGE
- PLATEAU
- PRISE
- PRODUCTEUR
- RÔLE
- SCÈNE
- SON
- STUDIO
- TECHNICIEN

(Mot de 9 lettres)

☐☐☐☐☐☐☐☐☐

LABYRINTHE

TRÉSORS ENSEVELIS

E	O	M	O	N	N	A	I	E	M	R	A
L	S	V	F	R	T	O	U	R	E	A	D
L	S	R	E	R	E	A	T	U	D	N	I
E	E	P	A	S	E	S	E	I	I	C	N
S	M	C	O	B	T	R	U	N	M	I	O
S	E	I	M	T	F	I	C	E	A	E	S
I	N	O	V	F	E	R	G	F	R	N	A
A	T	A	O	I	U	R	E	E	Y	C	U
V	S	C	M	C	I	C	I	S	P	A	R
E	T	O	H	R	I	C	H	E	S	S	E
I	M	E	O	T	N	E	M	I	T	A	B
N	E	R	I	O	T	S	I	H	E	R	P

ANCIEN
ARME
BÂTIMENT
COFFRE
CREUSER
CRUCHE
DINOSAURE
MOMIE
MONNAIE
OSSEMENTS
PASSÉ
POTERIE
PRÉHISTOIRE
PYRAMIDE
RICHESSE
RUINE
TOMBEAU
TRACE
VAISSELLE
VASE
VESTIGE

(Mot de 13 lettres)

SOLUTIONS

MOTS MYSTÈRES

Page 3	GLAÇAGE	Page 21	PIQUE-NIQUE
Page 4	NUMÉRO	Page 22	CHAPITEAUX
Page 5	RHINOCÉROS	Page 24	BRUISSEMENT
Page 7	JAMAÏQUE	Page 25	TRACTEUR
Page 8	SQUELETTE	Page 26	POULAIN
Page 9	ARROSER	Page 27	EXPLOSION
Page 10	SORCIÈRE	Page 29	PASSERELLE
Page 11	MOUSTIQUE	Page 30	ÉLECTRICIEN
Page 13	TRAVERSIER	Page 31	CRÈME GLACÉE
Page 14	DÉLICIEUX	Page 32	FABULEUX
Page 15	INCANDESCENT	Page 34	CHASSEUR DE PRIMES
Page 16	DÉPOSER	Page 35	MÉCANICIENS
Page 18	DALMATIEN	Page 36	OBSERVATOIRE
Page 19	MOT DE PASSE	Page 37	CASCADEUR
Page 20	DÉLUGE	Page 39	FORTIFICATION

MOTS TROUÉS

Page 8	Page 9	Page 18
CACHETTE	BASSIN	BAIN
COFFRE	BONNET	BASSET
DÉSERT	CASIER	BÂTON
DIAMANT	DOUCHE	COLLIER
ENFOUI	FONTAINE	DRESSAGE
GROTTE	JEU	FRIANDISE
OCÉAN	LONGUEUR	LAISSE
PERLE	NAGE	MAÎTRE
PIRATE	PALME	MUSELIÈRE
RUBIS	PLONGER	NICHE
	SAUT	PANIER
	SECTION	PÂTÉE
		PUCE

Page 25	Page 30
ÂNON	AVOCAT
AUGE	CHEF
BERGERIE	CONCIERGE
COQ	DENTISTE
ÉTABLE	FACTEUR
FOIN	INFIRMIER
FUMIER	INGÉNIEUR
GRANGE	INVENTEUR
JARDIN	JOURNALISTE
LAITERIE	JUGE
PORCHERIE	MAIRE
POULAILLER	PLOMBIER
RUCHE	POLICIER
SERRE	POMPIER
SILO	SERVEUR
VACHE	TAILLEUR
VERGER	